Ein Geschenk für

Mit besten Wünschen
von

Bestell-Nr. RKW 674

© 2005 by Reinhard Kawohl Wesel
Verlag für Jugend und Gemeinde
Alle Rechte vorbehalten
Titelfoto: A. Will
Textauswahl: R. Kawohl
Gestaltung und Zusammenstellung: RKW

Die Fotos dieses Bildbandes wurden fotografiert von:
A. Will   S. 7, 21, 31
K. Scholz   S. 9, 17, 27, 43
A. Pohl SCJ   S. 11
P. Kleff   S. 13, 19, 37
L. Conrad   S. 15
K. Goltz   S. 23
V. Rauch   S. 25
A. Klisch   S. 29
S. Burton   S. 33
J. Zink   S. 35
W. Rauch   S. 39
P. Jung   S. 41

ISBN: 3-88087-674-6   www.kawohl.de

Du bist unsere Liebe

kawohl

Nun aber bleibt
Glaube, Hoffnung, Liebe,
diese drei; aber die Liebe
ist die größte unter ihnen.

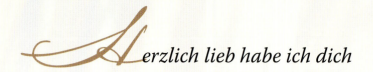erzlich lieb habe ich dich

Herzlich lieb habe ich dich, Herr, meine Stärke!
Herr, mein Fels, meine Burg, mein Erretter;
mein Gott, mein Hort, auf den ich traue,
mein Schild und Berg meines Heiles
und mein Schutz!
Psalm 18,2+3

Wir wissen aber, dass denen, die Gott lieben,
alle Dinge zum Besten dienen.
Römer 8,28

Wir haben einen Felsen,
der unbeweglich steht.
Wir haben eine Wahrheit,
die niemals untergeht.
Wir haben Wehr und Waffen
in jedem Kampf und Streit.
Wir haben eine Wolke
von Gottes Herrlichkeit.
Gottlob Lachenmann

8

räftig ist dein Wort

Aber Gott, der da reich ist an Barmherzigkeit, hat um seiner
großen Liebe willen, mit der er uns geliebt hat, auch uns,
die wir tot waren in den Sünden, samt Christus lebendig gemacht,
denn aus Gnade seid ihr gerettet worden.

Epheser 2,4+5

Vater, ich will, dass, wo ich bin, auch die bei mir seien,
die du mir gegeben hast, auf dass sie meine Herrlichkeit sehen,
die du mir gegeben hast; denn du hast mich geliebt,
ehe denn die Welt gegründet ward.

Johannes 17,24

*Deine Liebe, deine Wunden, die uns ein ewges Heil
erfunden, dein treues Herz, das für uns fleht,
wollen wir den Seelen preisen und auf dein Kreuz
solange weisen, bis es durch ihre Herzen geht.
Denn kräftig ist dein Wort: Es richtet und durchbohrt
Geist und Seele; dein Joch ist süß, dein Geist gewiss,
und offen steht dein Paradies.*

Albert Knapp

Wandelt in der Liebe

So saget nun Dank mit Freuden dem Vater, der euch tüchtig gemacht hat zu dem Erbteil der Heiligen im Licht und uns errettet hat von der Macht der Finsternis und hat uns versetzt in das Reich seines lieben Sohnes.

Kolosser 1,12+13

Wandelt in der Liebe, gleichwie Christus euch hat geliebt und sich selbst dargegeben für uns.

Epheser 5,2

Herz und Herz vereint zusammen
sucht in Gottes Herzen Ruh;
lasset eure Liebesflammen
lodern auf den Heiland zu!
Er das Haupt, wir seine Glieder;
er das Licht und wir der Schein;
er der Meister, wir die Brüder;
er ist unser, wir sind sein.
N. L. Graf von Zinzendorf

13

Ich habe Freude an deinen Geboten

Niemand hat größere Liebe denn die, dass er sein Leben lässt für seine Freunde. Ihr seid meine Freunde, wenn ihr tut, was ich euch gebiete.
Johannes 15,13+14

Ich habe Freude an deinen Geboten, sie sind mir sehr lieb.
Psalm 119,47

Großen Frieden haben, die dein Gesetz lieben; sie werden nicht straucheln.
Psalm 119,165

Drum kann nicht Friede werden,
bis deine Liebe siegt,
bis dieser Kreis der Erden
zu deinen Füßen liegt,
bis du im neuem Leben
die ausgesöhnte Welt
dem, der sie dir gegeben,
vors Angesicht gestellt.
Albert Knapp

*J*esus sucht dich

Wie er hat geliebt die Seinen, die in der Welt waren,
so liebte er sie bis ans Ende.
Johannes 13,1

Er erlöste sie, weil er sie liebte und Erbarmen mit ihnen hatte.
Jesaja 63,9

Jesus sucht dich! Voll Erbarmen,
voller Liebe ist sein Herz,
und er steht mit offnen Armen;
dass du zögerst, macht ihm Schmerz.
Denn du fehlst ihm! Sein Verlangen
steht nach dir und deinem Glück;
flieh die Feinde, die dich zwangen,
kehr zu deinem Herrn zurück!
Hedwig von Redern

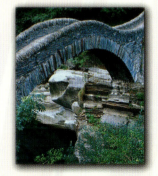

Er selbst, der Vater, hat euch lieb

Also hat Gott die Welt geliebt, dass er seinen eingebornen Sohn gab, auf dass alle, die an ihn glauben, nicht verloren werden, sondern das ewige Leben haben.

Johannes 3,16

Er selbst, der Vater, hat euch lieb, weil ihr mich liebet und glaubet, dass ich von Gott ausgegangen bin.

Johannes 16,27

Nichts, nichts hat dich getrieben
zu mir vom Himmelszelt,
als das geliebte Lieben,
womit du alle Welt
in ihren tausend Plagen
und großen Jammerlast,
die kein Mund kann aussagen,
so fest umfangen hast.
Paul Gerhardt

Die Frucht aber des Geistes ist Liebe

Sehet, welch eine Liebe hat uns der Vater erzeiget,
dass wir Gottes Kinder sollen heißen, und es auch sind!

1. Johannes 3,1

Die Liebe Gottes ist ausgegossen in unser Herz
durch den Heiligen Geist, welcher uns gegeben ist.

Römer 5,5

Die Frucht aber des Geistes ist Liebe, Freude, Friede, Geduld,
Freundlichkeit, Gütigkeit, Glaube, Sanftmut, Keuschheit.

Galater 5,22

O Wunderliebe, die mich wählte
vor allem Anbeginn der Welt
und mich zu ihren Kindern zählte,
für welche sie das Reich bestellt!
O Vaterhand, o Gnadentrieb,
der mich ins Buch des Lebens schrieb.

Johann Gottfried Hermann

*B*leibet in meiner Liebe

Und siehe, eine Stimme vom Himmel herab sprach:
Dies ist mein lieber Sohn, an welchem ich wohlgefallen habe.
Matthäus 3,17

Und ich habe ihnen deinen Namen kundgetan und will ihn
kundtun, damit die Liebe, mit der du mich liebst,
sei in ihnen und ich in ihnen.
Johannes 17,26

Gleichwie mich mein Vater liebt, so liebe ich euch auch.
Bleibet in meiner Liebe! Wenn ihr meine Gebote haltet,
so bleibet ihr in meiner Liebe, gleichwie ich meines Vaters
Gebote halte und bleibe in seiner Liebe.
Johannes 15,9+10

> *Herr, komm in mir wohnen, lass mein Herz auf Erden*
> *dir ein Heiligtum noch werden.*
> *Komm, du nahes Wesen, dich in mir verkläre,*
> *dass ich dich stets lieb und ehre.*
> *Wo ich geh, sitz und steh, lass mich dich erblicken*
> *und vor dir mich bücken.*
> *Gerhard Tersteegen*

Er hat uns zuerst geliebt

Ich liebe, die mich lieben, und die mich suchen, finden mich.
Sprüche 8,17

Gott ist Liebe; und wer in der Liebe bleibt,
der bleibt in Gott und Gott in ihm.
1. Johannes 4,16

Lasset uns lieben, denn er hat uns zuerst geliebt.
1. Johannes 4,19

Ich will dich lieben, meine Krone,
ich will dich lieben, meinen Gott;
ich will dich lieben sonder Lohne
auch in der allergrößten Not;
ich will dich lieben, schönstes Licht,
bis mir das Herze bricht.
Johann Scheffler

Du sollst den Herrn, deinen Gott liebhaben

Du sollst den Herrn, deinen Gott, liebhaben von ganzem Herzen,
von ganzer Seele und mit aller Kraft.

5. Mose 6,5

Die ihn aber liebhaben, sollen sein, wie die Sonne aufgeht
in ihrer Pracht!

Richter 5,31

Ich will dich lieben, meine Stärke,
ich will dich lieben, meine Zier;
ich will dich lieben mit dem Werke
und immerwährender Begier;
ich will dich lieben, schönstes Licht,
bis mir das Herze bricht.
Johann Scheffler

ausend-, tausendmal sei Dank dafür

Wer Vater oder Mutter mehr liebt als mich, der ist mein nicht
wert; und wer Sohn oder Tochter mehr liebt als mich,
der ist mein nicht wert.
Matthäus 10,37

Wer sein Leben liebhat, der wirds verlieren; und wer sein Leben
auf dieser Welt hasset, der wirds erhalten zum ewigen Leben.
Johannes 12,25

Der Herr aber richte eure Herzen zu der Liebe Gottes
und zu der Geduld Christi.
2. Thessalonicher 3,5

*Bald mit Lieben, bald mit Leiden kamst du,
Herr, mein Gott, zu mir, nur mein Herze zu bereiten,
sich ganz zu ergeben dir, dass mein gänzliches Verlangen
möcht an deinem Willen hangen.
Tausend-, tausendmal sei dir, großer König, Dank dafür!*
Ludwig Andreas Gotter

Drum, Jesu, schenk mir Liebe

Es ist dir gesagt, Mensch, was gut ist, und was der Herr von dir fordert, nämlich Gottes Wort halten und Liebe üben und demütig sein vor deinem Gott.

Micha 6,8

Wer mich liebt, der wird mein Wort halten; und mein Vater wird ihn lieben, und wir werden zu ihm kommen und Wohnung bei ihm machen.

Johannes 14,23

Wer aber sein Wort hält, in dem ist wahrlich die Liebe Gottes vollkommen.

1. Johannes 2,5

Darum, Jesu, schenk mir Liebe,
die vor deinem Geist besteht,
Liebe, die ich täglich übe,
die von ganzem Herzen geht!
Verfasser unbekannt

Zünde an die Liebesflamme

Ein neu Gebot gebe ich euch,
dass ihr euch untereinander liebet,
wie ich euch geliebt habe,
damit auch ihr einander liebhabt.
Daran wird jedermann erkennen,
dass ihr meine Jünger seid,
so ihr Liebe untereinander habt.
Johannes 13,34+35

Wer seinen Bruder liebt, der bleibt im Licht,
und ist kein Ärgernis in ihm.
1. Johannes 2,10

*Liebe, hast du es geboten,
dass man Liebe üben soll,
o so mache doch die toten,
trägen Geister lebensvoll!
Zünde an die Liebesflamme,
dass ein jeder sehen kann:
Wir, als die von einem Stamme,
stehen auch für einen Mann.*
N. L. Graf von Zinzendorf

*L*asset uns einander liebhaben

Ihr Lieben, lasset uns einander liebhaben; denn die Liebe ist von Gott, und wer liebhat, der ist von Gott geboren und kennt Gott. Wer nicht liebhat, der kennt Gott nicht; denn Gott ist Liebe. Darin ist erschienen die Liebe Gottes unter uns, dass Gott seinen eingebornen Sohn gesandt hat in die Welt, dass wir durch ihn leben sollen. Darin steht die Liebe: nicht, dass wir Gott geliebt haben, sondern dass er uns geliebt hat und gesandt seinen Sohn zur Versöhnung für unsere Sünden.

1. Johannes 4,7-10

Machet meine Freude völlig und seid eines Sinnes, habt gleiche Liebe, seid einmütig und einhellig.

Philipper 2,2

Lass und so vereinigt werden,
wie du mit dem Vater bist,
bis schon hier auf dieser Erden
kein getrenntes Glied mehr ist;
und allein von deinem Brennen
nehme unser Licht den Schein:
Also wird die Welt erkennen,
dass wir deine Jünger sein'n.

N. L. Graf von Zinzendorf

Durch die Liebe diene einer dem anderen

Die Liebe tut dem Nächsten nichts Böses.
Römer 13,10

Du sollst deinen Nächsten lieben wie dich selbst.
Matthäus 19,19

Durch die Liebe diene einer dem anderen.
Galater 5,13

Liebet eure Feinde!
Matthäus 5,44

Liebe kann auch alles dulden,
wenn ihr Unrecht gleich geschehn;
sie vergibet gern die Schulden,
denn sie kann auf Jesus sehn.
Verfasser unbekannt

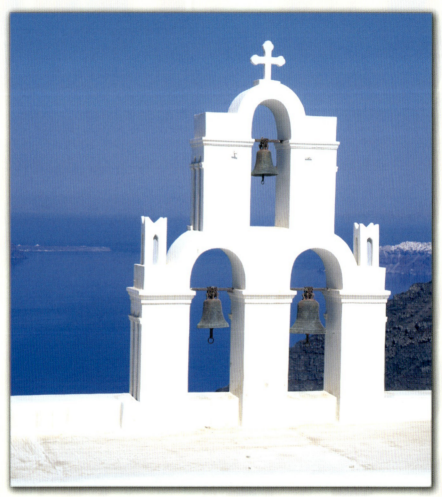

Hätte ich der Liebe nicht, so wäre ich nichts

Wenn ich mit Menschen-
und mit Engelszungen redete
und hätte der Liebe nicht,
so wäre ich ein tönend Erz
und eine klingende Schelle.
Und wenn ich weissagen könnte
und wüsste alle Geheimnisse
und alle Erkenntnis
und hätte allen Glauben,
so dass ich Berge versetzte,
und hätte der Liebe nicht,
so wäre ich nichts.
Und wenn ich alle meine Habe
den Armen gäbe und ließe meinen Leib
brennen und hätte der Liebe nicht,
so wäre mir's nichts nütze.

Die Liebe ist langmütig

Die Liebe ist langmütig und freundlich,
die Liebe eifert nicht,
die Liebe treibt nicht Mutwillen,
sie blähet sich nicht,
sie stellet sich nicht ungebärdig,
sie suchet nicht das Ihre,
sie lässt sich nicht erbittern,
sie rechnet das Böse nicht zu,
sie freuet sich nicht der Ungerechtigkeit,
sie freuet sich aber der Wahrheit;
sie verträgt alles, sie glaubet alles,
sie hoffet alles, sie duldet alles.

Die Liebe höret nimmer auf

Die Liebe höret nimmer auf,
so doch die Weissagungen aufhören werden
und das Zungenreden aufhören wird
und die Erkenntnis aufhören wird.
Denn unser Wissen ist Stückwerk,
und unser Weissagen ist Stückwerk.
Wenn aber kommen wird das Vollkommene,
so wird das Stückwerk aufhören.
Da ich ein Kind war, da redete ich wie ein Kind
und war klug wie ein Kind und hatte kindliche Anschläge;
da ich aber ein Mann ward, tat ich ab, was kindlich war.
Wir sehen jetzt durch einen Spiegel in einem dunkeln Wort;
dann aber von Angesicht zu Angesicht.
Jetzt erkenne ich stückweise; dann aber werde ich erkennen,
gleichwie ich erkannt bin.
Nun aber bleibt Glaube, Hoffnung, Liebe, diese drei;
aber die Liebe ist die größte unter ihnen.

1. Korinther 13

Es ist hilfreich, die Augen der Seele für Gottes Zuspruch und Begleitung zu öffnen. Biblische Impulse zu den wichtigen Themen des Lebens - Trost, Freude, Zuflucht, Liebe - finden Sie in diesen attraktiv gestalteten Bildbänden. Bekannte Lieder ergänzen die Aussage.

Im gleichen Format und in ähnlicher Gestaltung lieferbar:

RKW 671	Du bist unser Trost	ISBN 3-88087-671-1
RKW 672	Du bist unsere Freude	ISBN 3-88087-672-X
RKW 673	Du bist unsere Zuflucht	ISBN 3-88087-673-8

Unsere Verlagsproduktion umfasst Bücher, Foto-Poster, Kalender, Karten usw. Fragen Sie nach Kawohl-Produkten oder fordern Sie Prospekte an.   www.kawohl.de